¿QUIÉN PREPARÓ MI ALMUERZO?

DEL TRIGO A LA PASTA

POR MARI SCHUH · ILUSTRADO POR JEANINE MURCH

AMICUS ILLUSTRATED es una publicación de
Amicus Learning, un sello de Amicus
P.O. Box 227, Mankato, MN 56002
www.amicuspublishing.us

LIBRARY OF CONGRESS CATALOGING-IN-PUBLICATION DATA
Names: Schuh, Mari C., 1975- author. | Murch, Jeanine Henderson, illustrator.
Title: Del trigo a la pasta / by Mari Schuh ; illustrated by Jeanine Murch.
Other titles: From wheat to pasta. Spanish
Description: Mankato, MN : Amicus Illustrated, [2025] | Series: ¿Quién preparó mi almuerzo? | Translation of: From wheat to pasta. | Audience: Ages 6–9 | Audience: Grades 2–3 | Summary: "A child wonders where pasta comes from and learns about the jobs of a wheat farmer, a miller, and pasta factory workers as they describe the steps in making pasta. This illustrated narrative nonfiction book includes a world map of where wheat is grown and a glossary, making it a great story to support farm-to-table education. Translated into North American Spanish"—Provided by publisher.
Identifiers: LCCN 2024020233 (print) | LCCN 2024020234 (ebook) | ISBN 9798892003704 (library binding) | ISBN 9798892003742 (paperback) | ISBN 9798892003780 (ebook)
Subjects: LCSH: Pasta products—Juvenile literature. | Wheat—Harvesting—Juvenile literature.
Classification: LCC TP435.M3 S3818 2025 (print) | LCC TP435.M3 (ebook) | DDC 664/.755—dc23/eng20240513

EDITORA: Rebecca Glaser
DISEÑADORA DE LA SERIE: Kathleen Petelinsek
DISEÑADORA DEL LIBRO: Kim Pfeffer

Impreso en China

PARA HARPER Y LILLY—M.S.

ACERCA DE LA AUTORA
El amor de Mari Schuh por la lectura comenzó con las cajas de cereales en la mesa de la cocina. Hoy es autora de cientos de libros de no ficción para lectores principiantes. Vive en el Medio Oeste con su marido y su descarado conejo doméstico. La pasta favorita de Mari son los espaguetis.

ACERCA DE LA ILUSTRADORA
Jeanine Murch es una ilustradora enamorada del arte, los libros y los cuentos. Vive en Pittsburgh, Pensilvania, con su marido, sus dos hijos y el cachorro más mimoso del mundo, que inspiran su trabajo. Cuando no está haciendo arte, suele soñar despierta con su próxima aventura.

La pasta suele ser un ingrediente delicioso de un almuerzo saludable. Pero, ¿y si tuvieras que hacer la pasta desde cero? ¿Y cultivar tú mismo el trigo?

¡Enciende tu tractor! Ahora eres agricultor en Dakota del Norte. En la primavera, planta semillas de trigo duro. Este trigo tiene muchas proteínas. Se utiliza para hacer pasta.

El trigo duro crece bien en Dakota del Norte y Canadá. En estos lugares las noches son frescas y los días calurosos y secos.

El trigo crece durante toda la primavera y el verano. Los tallos crecen altos. Se forman espigas. En ellas crecen las flores que producen los granos de trigo.

En septiembre, tu campo está lleno de hermoso trigo ámbar. Es tiempo de cosecha aquí en Dakota del Norte. Conduce una cosechadora para hacer el trabajo. La cosechadora corta y clasifica el trigo. Pone los granos en la tolva. Pone otras partes de la planta en el campo.

Siguiente parada: el elevador de grano. Primero, los trabajadores pesan tu trigo.

Luego cargan el trigo en silos altos, donde permanecerá hasta que se muela.

En el molino, las máquinas soplan aire para eliminar el polvo y la suciedad. También eliminan las piedras y el trigo partido.

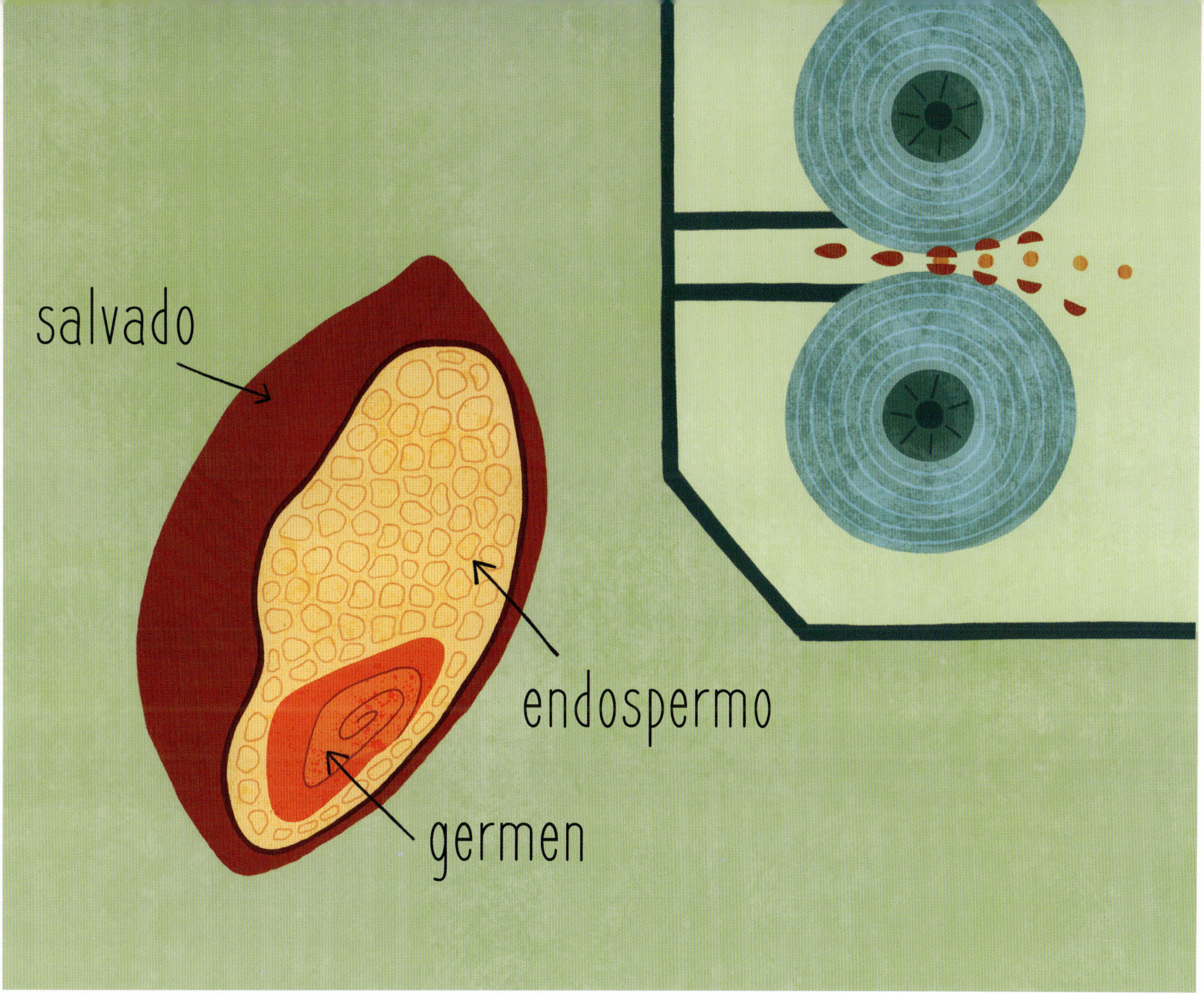

Los granos de trigo constan de tres partes: el salvado, el germen y el endospermo. Los rodillos separan estas partes. A continuación, las máquinas muelen el endospermo. Muelen y tamizan, una y otra vez.

Por último, tienes harina de sémola. Es áspera y basta. La textura es perfecta para hacer pasta.

Los trabajadores prueban la harina y comprueban su textura y su color amarillo. Ahora la harina va a la fábrica de pasta.

En la fábrica, es hora de mezclar. Una potente máquina mezcla la sémola con agua caliente.

Pronto tienes masa. Las máquinas amasan la masa.
Los rodillos la prensan en láminas.

A continuación, la masa pasa a la extrusora. ¡Aprieta! Empuja la masa a través de discos metálicos con agujeros. Los agujeros de diferentes formas hacen diferentes formas de pasta. Unas cuchillas afiladas cortan la pasta. Ahora tiene el largo adecuado.

La pasta húmeda se desplaza por cintas transportadoras. Los secadores secan la pasta. Hay que tener cuidado. Secar la pasta durante demasiado tiempo puede agrietarla.

Comprueba la pasta seca. Luego la empaqueta y la envía a las tiendas para que la gente la disfrute.

Gracias a los cultivadores de trigo, los trabajadores de los molinos y los obreros de las fábricas de pasta, tienes un delicioso plato de pasta para comer. ¡Qué rico!

¿DÓNDE SE CULTIVA EL TRIGO DURO?

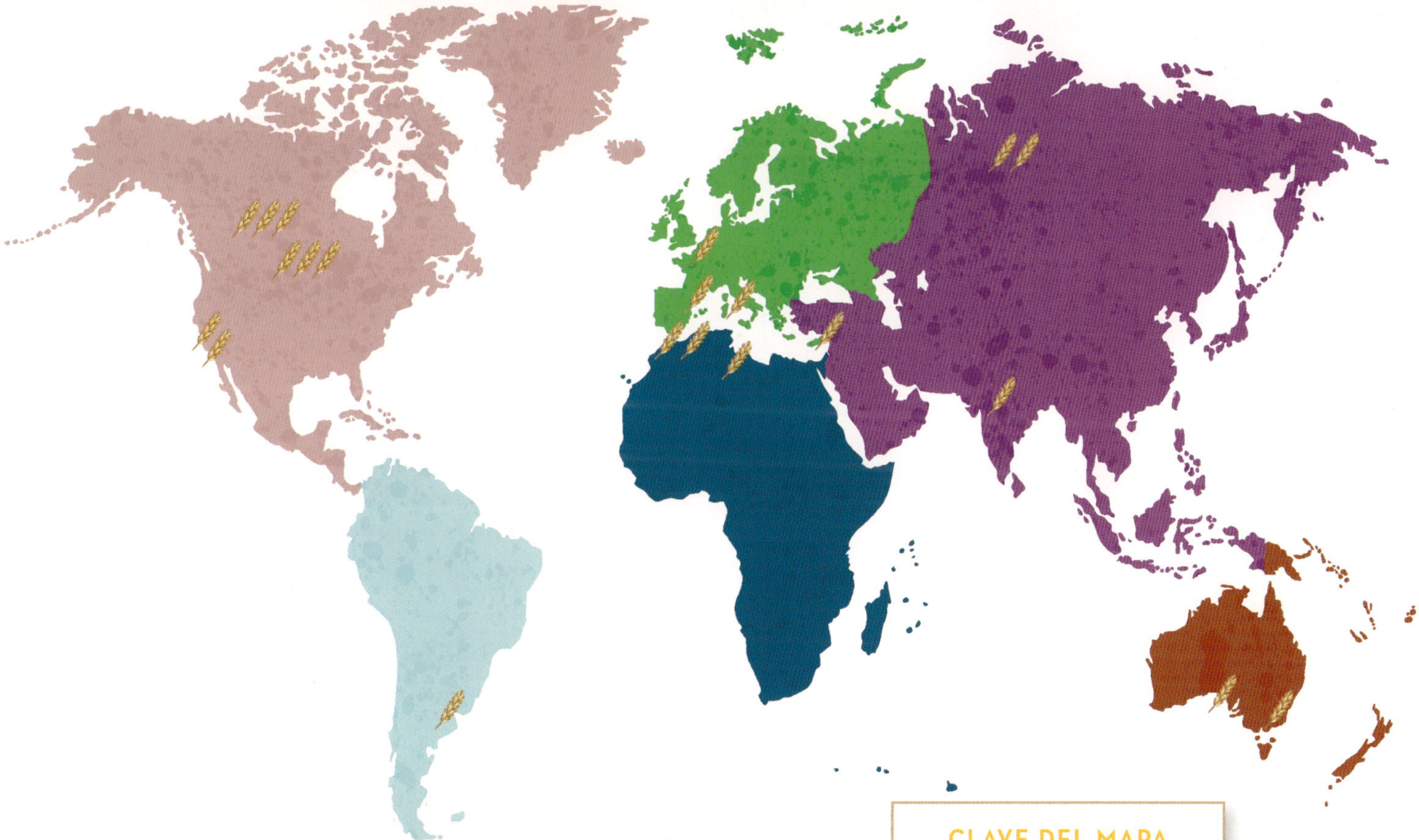

CLAVE DEL MAPA

Zonas principales de cultivo de trigo duro

GLOSARIO

ámbar Color amarillo anaranjado oscuro.

basto De textura áspera.

cosechadora Máquina que cosecha el trigo cortándolo, separando el grano del resto de la planta.

extrusora Máquina que da forma a la pasta forzándola a pasar por unos agujeros especiales.

grano Parte de la planta de trigo que se utiliza para hacer harina.

sémola Harina basta que se obtiene moliendo el endospermo del trigo duro.

silo Torre alta y redonda que se utiliza para almacenar los cultivos después de la cosecha.

tolva Parte de una cosechadora donde se almacena el grano.